AF229029

DE L'IMPOSSIBILITÉ

D'ACCUSER LÉGALEMENT LES MINISTRES,

ET

DE LA NÉCESSITÉ D'UNE LOI

QUI ASSURE LEUR RESPONSABILITÉ.

Par M. A...,

Avocat à la Cour royale de Paris.

> Lorsqu'un Roi ne peut pas mal faire, et que ses ministres penvent commettre impunément tous les crimes, le peuple est soumis à un pouvoir absolu.

Paris.

IMPRIMERIE DE SELLIGUE,
RUE DES JEUNEURS, N° 14.

1830.

DE L'IMPOSSIBILITÉ

D'ACCUSER LÉGALEMENT LES MINISTRES,

ET

DE LA NÉCESSITÉ D'UNE LOI

QUI ASSURE LEUR RESPONSABILITÉ.

Un honorable député a demandé la mise en accusation du ministère qu'on a surnommé *déplorable*. Cette proposition, que l'état de notre législation repousse, a été sérieusement discutée, et la discussion n'a pas même amené une loi solennellement promise par la Charte, et constamment refusée par le gouvernement.

Il n'y a pas un honnête particulier en France qui consentît à recevoir en dépôt l'argent d'un autre sans souscrire un titre qui en assurât la restitution; le ministère, moins difficile, exige qu'on lui confie la fortune publique, et ne veut répondre de rien; ce système doit assurer la honte de tous les ministres passés et présens! Des hommes dont les intentions seraient pures ne resteraient pas couverts du bouclier de l'impunité!

Où sont les garanties qui peuvent fonder la sécurité des citoyens? Il n'en existe évidemment aucune.

Que la haute administration fasse arrêter les individus qui critiquent habituellement ses actes, qu'on les jette dans des cachots, qu'ils soient livrés à une torture morale et physique; quels sont les moyens qu'on pourra prendre pour faire cesser ce cruel arbitraire et pour atteindre ses auteurs? La constitution les a tous anéantis, et on s'est obstiné à ne pas les remplacer!

Les ministres sont responsables, dit la Charte (1), *ils ne peuvent être accusés que pour fait de trahison ou de concussion. Des lois particulières spécifieront cette nature de délits et en détermineront la poursuite* (2).

Il est véritablement inconcevable que des crimes aussi communs que ceux de la trahison et de la

---

(1) Article 13.

(2) Article 56.

concussion ne soient pas *spécifiés* au milieu du xix° siècle, et on ne conçoit pas mieux comment quinze ans n'ont pas pu suffire pour les *spécifier* et en déterminer la poursuite; mais, en l'état de ces dispositions qui ont aboli, au moins virtuellement, toutes les lois pénales, quant à ce, il faut malheureusement reconnaître que les ministres, quelque coupable que soit leur administration, ne peuvent être ni jugés, ni accusés, ni poursuivis, et que l'inviolabilité dont ils sont ainsi couverts, s'étend sur les exécuteurs les plus subalternes de leurs ordres (1).

Et sur quel principe pourrait-on fonder un système de poursuite contre des ministres, quels que fussent d'ailleurs les crimes qu'on leur reprocherait? N'est-il pas vrai que la qualification des faits que le législateur veut punir, doit précéder la fixation de la peine à infliger? Si donc l'action

---

(1) Si l'agent du gouvernement, auteur de quelque acte arbitraire, justifie qu'il a agi par ordre de ses supérieurs pour des objets du ressort de ceux-ci, et sur lesquels il leur était dû obéissance hiérarchique, il sera exempt de la peine (Article 114 du Code pénal).

imputée à crime par l'opinion, n'a pas été qualifiée telle par la loi, et que conséquemment aucune peine spéciale ne soit prononcée, il sera également vrai de dire qu'on ne peut ni les punir ni les poursuivre (1).

Mais, pourquoi les ministres ne sont-ils pas accusables pour toute espèce de délits? Pense-t-on que les Français soient plus sensibles à un *déficit* qui se serait opéré dans les caisses publiques, qu'aux atteintes portées à leur liberté? Il n'y a ni trahison ni concussion dans les faits d'arrestation et de déportation arbitraires, le ministère pourrait donc faire arrêter et déporter impunément tous les individus qui auraient le malheur de lui déplaire.

Un ministre, dit-on, présente deux caractères: celui d'homme public, et celui d'homme privé : quant au premier, s'il est traître ou concussionnaire, il ne pourra être arrêté que par ordre de

---

(1) Nulle contravention, nul délit, nul crime, ne peuvent être punis des peines qui n'étaient pas prononcées par la loi avant qu'ils fussent commis. (Article 4 du Code pénal).

la chambre haute, il devra être mis en accusation par celle des députés, et jugé par les pairs ; quant au second, il sera procédé contre lui comme contre le commun des mortels. Ces questions ne peuvent être appréciées et résolues que par les magistrats ; que messieurs les gens du Roi, et messieurs les juges d'instruction, nous disent donc, les premiers, s'ils oseraient requérir un mandat de justice contre le garde-des-sceaux coupable d'attentat à la vie ou à la liberté d'un citoyen ; les seconds, s'ils croiraient pouvoir le décerner.

Pourquoi les députés des départemens n'ont-ils pas encore usé du droit qui leur est attribué par l'art. 19 de la Charte (1), en suppliant le Roi de proposer les lois particulières promises par l'article 56 ? Pourquoi ont-ils reconnu pendant quinze ans l'autorité d'une administration inconstitutionnelle ? La chambre haute reçoit-elle dans son sein

----

(1) Les chambres ont la faculté de supplier le roi de proposer une loi sur quelque objet que ce soit et *d'indiquer* ce qu'il leur paraît convenable que la loi contienne. (Article 19 de la Charte).

des pairs qui n'ont pas atteint leur 25me année ? Souffrirait-elle que ceux qui ont moins de trente ans prissent part à ses délibérations ? Celle des députés n'exclut-elle pas les envoyés des colléges électoraux quand ils manquent de quelqu'une des conditions exigées par la Charte ? Cette Charte a voulu que les ministres fussent responsables, et la haute administration n'aura une existence réellement légale que quand sa responsabilité sera légalement assurée.

L'étendue des pouvoirs des députés et des devoirs qu'ils ont à remplir est déterminée par l'acte même qui constitue le gouvernement; il faut qu'ils discutent les projets de loi qui leur sont présentés avec tout le *calme* et toute la *dignité* que commande l'intérêt d'un grand peuple; il faut qu'ils concourent au réglement des recettes et des dépenses; il faut qu'ils les réduisent dans la juste proportion des besoins, et qu'ils forcent ainsi l'administration à une sévère économie; il faut enfin, s'il y a malheureusement lieu, qu'ils accusent les ministres avec autant de vérité que de courage.

Mais dira-t-on, si un acte d'accusation ne peut

être fondé que sur une loi pénale préexistante, et qu'il n'en existe point, comment la chambre des députés pourrait-elle accuser? Il n'est pas question maintenant d'appliquer le remède; il s'agit seulement de le préparer et de le rendre efficace: les marches du trône ne sont pas tellement inaccessibles, qu'il soit impossible de faire connaître au Roi le vœu général, et à peu près unanime, qui appelle les lois de responsabilité; et ceux qui, au 16 mars, parlèrent d'antipathie, auraient pu parler d'une inconstitutionnalité incompatible avec les promesses royales.

Louis XVIII était *fier* de commander au peuple français (1) ! Il faut que la nation française soit fière et heureuse d'être gouvernée par Charles X ! Ce Prince sait qu'il n'y a qu'abjection et malheur chez les peuples dont les libertés ne sont pas assurées; tout lui dit que la France aimerait mieux périr tout entière que de vivre sous le joug hon-

---

(1) Nous avons pris toutes les précautions pour que cette Charte fût digne de nous et du peuple auquel nous sommes, *fier* de commander. (Déclaration du 14 juin 1814).

teux que quelques misérables conseillers voudraient lui imposer ! il voit que les institutions
dont jouissent ses sujets, et *celles qu'ils attendent,*
seront toujours l'appui le plus ferme et le plus
solide de sa puissance, de sa grandeur et de sa
gloire ; il sent que la prospérité du pays ne peut
naître que de l'exécution franche du pacte qu'il a
juré ; et les efforts de quelques hypocrites religieux
et politiques ne pourront rien contre la probité
royale.

Il est fâcheux de voir des antipathies entre les
grands corps de l'état ; il serait à désirer que ceux
qui les éprouvent pussent les vaincre, et que ceux
qui en sont l'objet ne fissent jamais rien pour les
irriter (1). Si les hommes étaient ce qu'ils devraient
être, l'idée du bien public concilierait toutes les
opinions et tous les intérêts.

Le Roi ne veut régner que par les lois, il n'a
pour son peuple que des sentimens d'une rare
bonté ; le peuple est plein d'amour et de vénéra-

---

(1) M. de Polignac n'a pas calmé l'aversion générale
qu'on lui exprime, en s'associant M. de Peyronnet.

tion pour son Roi: pourquoi les actes désordonnés des ministres tendent-ils continuellement à affaiblir cet heureux accord?

Leurs Excellences, qui sont sans cesse occupées du soin de leur propre conservation, se dispensent de soigner les affaires publiques; le matériel de l'administration est abandonné à des employés dont l'insolence s'accroît dans la proportion de leur infériorité; le temps des chefs est consumé par les intrigues, et au-dedans comme au-dehors, tout va mal: n'agiraient-elles pas plus sagement en renonçant à leurs portefeuilles? Il n'y a pas un honnête laquais dans Paris qui ne quittât sa livrée, si tous les jours et à tous les instans du jour il était publiquement accusé de voler son maître et de trahir ses intérêts les plus chers !

Le Chef suprême de l'Etat a le droit incontestable de choisir ses ministres; il est même évident que ce droit ne peut être exercé que par lui; il peut les prendre parmi tous les Français qui ne sont pas frappés d'une incapacité *légale* (1); mais, si

----

(1) Articles 13 et 14 de la Charte.

ceux qu'il juge dignes de sa confiance reconnaissent leur incapacité *naturelle* (1), ou que leurs intentions ne soient pas conformes à la volonté toute paternelle du prince, l'honneur et la délicatesse leur imposent le devoir de s'abstenir, et ils s'abstiendront dès que les lois pourront les atteindre.

Les prérogatives royales doivent être scrupuleusement respectées ; toute tentative d'usurpation, quant à ce, est un crime d'état. Ceux qui exercent le pouvoir ne sont que des dépositaires, ils ne peuvent ni consentir, ni exiger aucune concession; mais, si la nomination des ministres est un acte qui ne doive être soumis à aucun contrôle, il ne faut pas que leur mauvaise administration puisse échapper à l'action de toute justice.

La responsabilité établie par la Charte est, si on peut s'exprimer ainsi, un cautionnement moral et éventuel qu'elle a voulu imposer au ministère, comme garantie des droits de la royauté et de ceux du peuple. Eh bien ! que les ministres trahissent

____

(1) Nul n'est content de sa fortune ni mécontent de son esprit. L'abbé Sabatier, *Trois Siècles de Littérature.*

le Roi, qu'ils volent les deniers de l'état, et la couronne, elle-même, ne trouvera pas dans son pouvoir constitutionnel un moyen légal de les punir.

Que les fonctionnaires publics que la loi soumet à un cautionnement pécuniaire veuillent entrer en exercice avant d'avoir versé dans les caisses publiques les sommes qu'ils doivent y déposer, et ils verront si on ne les repousse pas.

La conséquence forcée de ce principe est donc que l'admission des ministres dans les chambres, autrement qu'à titre provisoire et pour présenter les lois de responsabilité, a été un acte inconstitutionnel, contraire aux droits du trône et à ceux du peuple.

Verrons-nous enfin l'époque où les hommes, appelés à des fonctions publiques, calculeront l'étendue de leurs devoirs avant d'admirer celle de leur pouvoir? où les agens de la licence pâliront devant les nombreux amis d'une sage liberté? où tout se fera légalement par le concours de toutes les volontés? où toutes les émanations de la royauté seront respectées comme la royauté elle-même? où le choc de toutes les ambitions cessera? Le gouvernement doit justice et protection à tous, tous ne peuvent pas prendre part à la distribution des emplois, les plus capables doivent les obtenir, et ceux qui se montrent les premiers ne sont pas toujours les plus dignes.

Les colléges électoraux vont s'assembler, puissent-ils être bien inspirés, et ne nommer que des hommes dont la probité et le patriotisme leur soient bien connus. C'est peut-être de ce choix que dépendent le repos public et le bonheur de tous.

Il ne suffit pas que la nation soit forte, elle veut encore être juste, et elle entend que ses mandataires ne soient jamais soumis à d'autre influence qu'à celle d'une conscience pure.

Les Français qui spéculeraient sur le mandat du peuple ne seraient pas français, ils ne sont envoyés ni pour leur intérêt, ni pour celui de leurs parens, ni pour celui de leurs amis; l'amour de nos libertés, celui de la paix publique, celui du bien général, voilà le sentiment qui doit régler toute leur conduite.

Nos institutions ont des ennemis: ceux qui firent tant d'efforts pour les empêcher de naître,

sont fàchés de les voir grandir; le désordre pourrait seul les renverser, le calme les rendra indes-
tructibles. Tous ceux qui veulent en jouir doivent
en surveiller le maintien et prévenir les atteintes
que d'infidèles gardiens voudraient leur porter;
mais, cette surveillance doit être telle, qu'elle n'a-
perçoive jamais des actions et même des intentions
coupables que là où elles existent réellement.

Les fonctions de l'électeur sont bornées à un
simple vote, le mandat de l'élu est dans la loi;
toute discussion dans l'assemblée serait inconstitutionnelle; mais, celui qui reçoit une preuve
éclatante de la confiance publique, doit com-
prendre les obligations qu'elle lui impose, et il est
inutile de lui dire que des députés loyaux ne
dotent jamais les riches aux dépens des pauvres.